힐링우수시집 100인선 005

알곤킨의 칠면조

서종남 시집

도서출판 **한국힐링문학**

시인의 말

시간의 궤적軌跡에 따라
된더위 속 한 줄기 바람결 같은
느리지만 우보牛步처럼
나만의 심내心內 풍경
퍼즐의 마지막 한 조각

하루에 한 번
하늘을 바라보는 나의 습관으로
높푸른 청정한 가을하늘을 올려다본다

마음의 끄트머리를 달리는
언어유희에서 부화한

낮게 더 낮게
가을 길가의 야생화들이 모두 걸어 나와
시의 길 밝혀주는, 파란 신호등
나는 두 손을 모은다

2022년 10월, 해윤海允서실에서

서종남

헤르만 헤세의 수채화 그림

차 례

시인의 말 | 3

제1부

알곤킨의 칠면조 | 11
알곤킨에서 만난 다문화 여인 | 13
알곤킨 숲의 전설 | 14
알곤킨 숲의 축제 | 15
베들레헴에서 만난, 인도 여인 | 18
타지마할, 어둠 속에서 빛나다 | 19
이스탄불, 메두사의 물의 궁전 | 21
바다 위의 궁전, 돌마바흐체 | 22
바이칼 호수 | 24
갠지스강의 병풍 | 27
에치고 유자와에서* | 29
시베리아의 배꼽 | 30
티베트 고원에서 | 32
사르나트에서 | 34

리스트비얀카에서 만난, 춘원 | 36
아키타의 눈꽃 | 38
폼페이의 사랑 | 40
모로코 민트차 | 42

제2부

매화차 | 47
은방울꽃 | 48
기다림 | 49
쑥부쟁이 | 50
화석 | 51
사슴뿔 상처가 크는 밤 | 52
아이비의 손 | 53
수족관 앞에서 | 54
그리운 상처 | 55
The Hurt of Yearning | 56
지하 분수대에 앉아서 | 57
地下噴水台に坐って | 58
공주, 황골마을 들길을 걷다 | 59
허브 향기 | 60
광교산光敎山에 오르면 | 61
장독대 | 63

나무는 그냥 나무여서 좋다 ㅣ 64
반달이 가는 길 ㅣ 66
몽당연필 ㅣ 67
가리산 꽃사슴 ㅣ 68
강물은 달빛을 안고 흐른다 ㅣ 69
해 내릴 녘, 대부도 ㅣ 71
인사동, 차 없는 거리에서 ㅣ 72
잎새는 돋아나고 ㅣ 73
만년필 ㅣ 74
예언하는 영험한 느티나무 ㅣ 76
수원 영통마을, 느티나무* ㅣ 78
어제를 품고 내일을 여는, 느티나무 ㅣ 80
금강^{錦江} 하구에서 ㅣ 82
봄맞이꽃 ㅣ 83
금꿩의다리꽃 ㅣ 84
댑싸리 나무 ㅣ 85
소금꽃 ㅣ 86
나팔꽃 ㅣ 87
해당화 차 ㅣ 88
언제쯤 나 그대에게 꽃잎일 수 있을까 ㅣ 90
족두리꽃 ㅣ 91
꽃 마실 ㅣ 92
코스모스 ㅣ 94
폭설 ㅣ 95

찻물에 흐르는 | 96
가을은 나그네 | 97

제3부

이방인 | 101
카펫을 짜는 터키 여인 | 103
열아홉 살, 베트남 신부의 꿈 | 105
달라서 더 아름다운 우리 동네 | 107
국경 없는 마을의 봄 | 108
다문화인들의 고향 | 109
추위 속의 다문화인들 | 110
베트남 식당 | 112
이방 여인의 기도 | 113
LA에서 캄보디아를 잇는 사랑의 다리 | 114

서종남 시집

『알곤킨의 칠면조』 시집 해설 | 117
이인선(시인, 문학평론가)

서종남(徐宗男) 시인 프로필 | 123

제1부

헤르만 헤세의 수채화 그림

알곤킨의 칠면조

1.
타조처럼 크지만 날랜 걸음으로 몸을 숨기는
신기한 알곤킨 공원의 용감한 칠면조들
깃털 하나 보이지 않게 침입자들의 눈을 가린다

어둠을 삼킨 숲을 지나
호수 위로 유성이 떨어진다

작은 풀벌레 소리
숲의 신비한 숨은 이야기

와이파이, 인터넷, 전기,
어떤 문명의 이기도 없는 곳

지혜가 슬며시 눈을 뜨고
귀가 열린다
모기, 파리, 산새, 산짐승들과도 교감한다

2.
산속 가득 생기를 메운 알곤킨의 아침
고요함을 깨우는 산의 소리

산새들 화들짝 놀라 잠을 깬다

남몰래 생명을 잉태하는 새들의 공간
태고의 숨결 깨우려고 뽀롱뽀롱, 소리를 내며
하늘로 날아오르는 조그만 새들의 날갯짓

숲속의 비밀을 입에 물고
새들은 날렵한 날개로 바람을 가른다
땅은 은밀함을 털어내고, 새 생명들이 돋아난다

무아의 밀림, 오솔길도 없는 풀밭 따라
나뭇잎 사이로 쏟아지는 햇살 따라

나는 걷는다
쉰다
걷는다

아름드리 측백나무 상수리나무들과 나는 이미, 한 몸
토양을 나누며 이웃하는 식물들의 다문화 동네
명상 속, 수행
길 위에서, 우리는 하나가 된다

알곤킨에서 만난 다문화 여인

캐나다에서 가장 넓은 면적의, 알곤킨 주립공원
캐나다 온타리오주에 있는 천연의 땅,
'보예저 쿠에스트 로그 캐빈(Voyageur Quest log cabin)'에서
만난 원시림

하늘을 가리는 알곤킨 숲 안, 햇살이 물러간 자리
어슴슴한 캐빈의 공동 거실 나무 흔들의자에 앉아
최소주의 'Living more with less(소확행)' 책을
읽고 있는, 캐나다 여인

그녀는 아들 둘을 양육하는 싱글맘이다
캐나다 온타리오주 워털루에서 자연농원을 운영하는, 그녀
동양의 여행자인 나처럼 '다문화 기관'을 운영하고 있어
그녀와 나, 금시 소통의 통로가 나발통처럼 확 열렸다

그녀의 유니크한 마음, 글로벌의 문을 열고
우리는 그곳 천연림에서 그녀가 읽고 있던 책에서처럼
소소하지만 확실한 행복을 이야기한다
솜사탕처럼 다문화의 대자연이론이 골수로 녹아든다
대자연 속에서 다문화를 배운다

알곤킨 숲의 전설

마늘과 쑥을 먹은 곰순이, 단군의 어머니 같은
검은 곰(Black Bear)은 알곤킨의 여름 숲을 다스린다
큰 체구의 검은색 털빛이 하늘에 반사하여 어둠을 내린다

숲의 심장에서 '피치 오렌지 허브티' 향기가 흐른다
그 두껍고 아슴아슴한 가슴을 빠져나와
거대한 삼림의 눈빛이 움켜쥔
허공을 지나 북구의 어스름을 걷어낸다

저녁 찬 공기가
호수를 건너는
흑백 같은 캐나다의 오지
메아리가 하늘까지 닿아 목이 쉰다

알곤킨 숲의 축제

1.
일곤킨 캐빈에서 창문을 연다
울창한 나무 사이로 도로가 끝없이 이어져
자연림으로 시야를 채워, 먼 숲이 보이지 않는다
길도 따로 없다,

시작점과 끝점이 없는, 알곤킨 숲
외로운 새들의 둥지
반가이 내려앉는 햇귀, 한 움큼
볕을 분사하여, 꽃망울을 터트리고
사탕 알갱이들을 뱉어낸다

앵앵 신호음을 터트리는 풀벌레
습지의 낮은 곳에는, 허브 잎새들
술래잡기를 한다

숲은
하얀, 구름 뭉치를 이고 다닌다

2.
하늘을 이고

땅의 정기를 내장 속으로 끌어들이는
대 자연과 나그네는 하나가 된다

삶의 한 자락을 맡기는 시간
평안의 아침
새소리
바람 소리
하늘의 외마디 소리

아무 소리도 다른 소리를 방해하지 않는
정오의 숲속

천혜의 생명들과 일체가 되는
생의 무대
공생의 리듬이 흐르는 곳

나는 보랏빛 작은 풀꽃과 눈인사를 한다

3.
따뜻한 햇살이 호수에 내려 반짝이고,
파란 하늘과 호수를 둘러싼, 울창한 숲
호수에서 불어오는 심내^{心內}를 적시는, 청정한 바람
혹독한 겨울 추위도 밀어낼, 절정의 자연 품
햇빛 쨍쨍한 눈앞에 가득 펼쳐진 숲

졸졸 흐르는 시냇물 소리
다문화 여인의 옷 색깔로 가을 단풍이 물들면
숲은 온통 축제의 마당이 된다

베들레헴에서 만난, 인도 여인

노을이 지평선을 끌고 바다에 잠기는 동안
인도 여인의 기도가 깊어간다

아픈 가족의 옷을 '베들레헴의 별'
아기예수 탄생 장소에 내려놓고 드리는

한 톨의 기도는
꽃씨에서 줄기와 잎을 틔워 올린다

한국에서 온 키 작은 여자 관광객인, 나는
마음속으로 중얼거린다
"당신의 기도가 당신 가족을 낫게 할 거예요"

내가 회색 옷을 입은, 인도 여인의
간절한 기도에 울컥하던, 그날도
이스라엘 여자 경찰관이 총에 맞아 숨지고,
팔레스타인 두 청년이 그 자리에서 사살되고,
지나가던 행인이 둘 부상을 입었다

신께서는 잠깐, 외출 중이시다

타지마할, 어둠 속에서 빛나다

꽃잎이 모두 일어섰다
가두어진 봄날, 내일 같은 어제
마술에 걸린 침실은 조용했다
별을 삼킨 달맞이꽃 보름밤에 궁궐을 덮는다

흰 대리석 돔 꽃무덤에
새벽빛이 내리면 하나씩 뿌리를 박고
떼 지어 얼굴을 든다

하품을 하면서 푸른 별을 쏟아내고
날개 접은 기러기 등에, 낮달이 포개진다
겨울바람 몰아가는 지붕 아래 숨은 꽃들이
기지개 켜는 소리 귓속에 담는다

철창 너머로 8년을 망연자실 바라보던,
무굴제국의 샤자한 황제

독수리 날갯짓하며, 내세로 날아가
벼락불로 다시 타오르면
붉은 핏줄을 타고 물고기 하나 헤엄쳐

죽음의 터널을 지나 뭄타즈마할 왕비를 안는다

침묵을 한 겹씩 걷어내고
두 개의 별이 손잡고 하늘로 올라 소리친다
하늘과 땅이 하나 되어
무덤의 흙을 털어 내고, 하늘 밭 별꽃으로 피어난다

이스탄불, 메두사의 물의 궁전

예레바탄 사라이 지하궁전
6세기부터 물을 가둔 곳

거꾸로 물 바닥에 얼굴을 박고
두 개의 기둥에 눌려 있는
메두사를 만난다

태풍 밟고 간, 광란의 발길 위에
물바람이 서늘하다

억눌려 누워 있는 삶이
너 뿐이랴만,

방황의 시간을 업고
군상들 속에서 휘청이는 꿈

멀리 떨어진 카시오페아성에서
들려오는 군중들의 외침
발바닥이 아프도록 맨발로 디딤돌을 밟는다

바다 위의 궁전, 돌마바흐체

제1왕비의 가늘고 긴 왼손가락에
코발트빛 오스만 터키석이 빛난다

보스포루스 해협의 잎새마다
색색의 풍경이 물드는
가득 찬 정원, 돌마바흐체 궁전

바다가 내다보이는, 가장 화려한 방의 주인
술탄은 그곳에서 행복하기만 했을까?

나그네의 마음을 훑고 지나가는 객수감에
비잔틴의 포도주색 하늘을 비운다

왕을 기다리는, 하렘
네 명의 왕비

고개만 쭉 내밀고
바깥세상이 궁금한 듯 내다보는
그림 속, 궁궐 여인의 얼굴에
외로움이 묻어난다

하렘의 왕비는
왕궁의 부귀영화보다
궁 밖의 소소한 자유가 부러운 걸까?

바이칼 호수

코발트빛 하늘을 내려놓는다
그 너른 품 안에
또 하나의 허공을 심는다

세상 모두를 묻어버릴 것 같은
끝없는 수평선, 깊이를 알 길 없는 수심

2,500만 년,
세계에서 가장 나이 많고
세계에서 가장 깊은 호수

'성스러운 바다'
'세계의 민물 창고'
'시베리아의 푸른 눈'
'시베리아의 진주'
지구상에서 가장 깨끗한 물,

한 그릇 떠서,
치성드리던 내 어머니의 어머니

남북으로 길게 뻗은 호수를
높은 산들이 둘러싸고 경호한다

360 개의 강에서 물을 받아들이지만
오직 내보내는 곳은, 앙가라강뿐

이 욕심 많은 강은
북극해까지
흘러, 흘러, 여행을 떠난다

이 전설의 강의 여정은
바이칼에서 흘러나와
시베리아의 예니세이강으로 가 합류하여
북극해에 이른다

바이칼의 딸 앙가라여,
예니세이와 나눈 사랑이야기
여직도 풀어내고 있는가?

아버지 바이칼의 명을 거역하고
멀고 먼 서쪽 나라의, 이방인
예니세이를 연모하여 달아난 여인이여,

달아나는 딸 앙가라를 향해

아버지 바이칼이 던진 돌,
샤먼 바위!

이제, 온 세상의 행운과 사랑을 잉태하는
만인의 기원 처가 되었다네

갠지스강의 병풍

바닥이 들여다보일 듯 말듯,
바라나시(Varanasi) 물안개가
몸을 끌어당긴다

겨울 저녁, 물의 치마폭 휘날리며
바람이 강변으로 밀려온다

담요에 싸여 흙바닥에 귀를 대고
잿빛 얼굴이 죽은 살점처럼 누워있다

생사불이生死不二, 안팎 같은 회색 낯빛
먼저 잘라내야 할 질긴 인연

갠지스강은 생사를 넘나들며
인연을 흘려보내고 등을 돌린다
병풍은 어느 방향으로도 서지 않았다

가트 위에 타오르는 불꽃, 널빤지처럼
하늘로 피어오르며,
둥글게 휘어지는 연기

어느 풀잎의 숨결일까? 등 뒤에서
허물을 걷어내는 먹빛 물결, 눈부신
강가의 달빛이 꿈의 뼈들을 비춘다

---

* 강가(Ganga): 히말라야 신의 딸. 갠지스강
* 가트: 갠지스강 변의 시체를 태우는 계단

에치고 유자와*에서

유달리 춥던 겨울, 긴 터널을 빠져나왔다
기찻길 너머로 겨울바람이 달려가는 이이산을 나는 넋 놓고 바라본다

다음날, 에치고와 갈라 역 사이에 있는 '타카한 여관' 창문 밖으로, 불어닥치는 칼바람 소리를 떠나보내고, 가와바다 야쓰나리의 유키구니를 읽는다

눈바람 소리에 잠을 깬 밤, 가로등 불빛이 줄지어 선, 눈(雪)으로 쌓은 담장을 따라 달빛이 교교히 길을 걷는다

나는 이제
지난 여름날, 유자와의 아름다운 안개꽃을, 저 푸른 키요스강에 띄운다.

---

* 에치고 유자와 : 일본 니가타현의 최남단에 위치한 곳. 가와바다 야쓰나리의 '유키구니(설국)'의 무대.

시베리아의 배꼽

움켜쥐면 손가락 사이로
얼음 바람이 새어 나왔다

시베리아 원시 자연림을 깨운 바람이
우물 한가운데로 숨을 몰아넣는다
깊이를 알 수 없는 끝 모를 세상이다

흐르는 물살은, 썩은 공기를 씻어내고
순록의 더운 피는 생기를 길어올린다

한 걸음 앞장서서
길을 따라 뱀처럼 뻗어가는, 광궤廣軌 열차

언 발을 동동 구르며, 저물녘 다시 떠나
벌판을 밤낮으로 달려도
거기가 또 거기

기차를 스치고 돌며,
장난기처럼 물바람이 일고

안개 골짜기를 지나
제 살점으로 자작나무 껍질을 뚫고
겨울이 당도하기도 전에
들과 샘물, 하나 되어 바이칼에 몸을 담근다

어둠에서 잠 깬 달이,
차가운 벌판을 가르며
얼어붙은 대지의 배꼽 속으로 빨려든다

티베트 고원에서

세계 최대 넓이
최고 높이 티베트고원

위로는, 쿤룬산맥
아래로는, 히말라야산맥
만년설을 이고 있는, 이 성스런 산맥은

가혹한 형벌로 밤마다 보채는
건조한 불면을 밀어내고 있다

비를 기다리는 일
별을 사랑하는 일
모든 불가능한 것들도
유의미하지 않은 곳

별빛 푸른 밤
희미해지는
달라이라마 그림자 따라
넓은 초원에 서노라면

낮달처럼
비어오는 가슴

지금
절대의 순간

가까이 서 있어도
멀리 서 있어도

그대는 광활한 태양
무단의 그리움인 것을.

사르나트에서

어스름에 비낀, 다메크 탑
비 뒤로
보리수나무 잎새들

사원과 유적 사이에서
돌아나는 푸르름

네 마리 사자상의 눈은
산 크기의 사연을 꿈뻑이고

보리수나무 위로
다시 뜨는 해는, 천년 어둠을 몰아낸
아득한 인연

다소곳한 자태로
시간의 끝자락에 머물고 있는
빛의 미로

바람에 트인 나무의 얼굴, 얼굴

아소카왕의 안녕을 비는, 기원식

불교 4대 성지, 녹야원
붓다의 첫 설법이 들려온다
원형 다르마라지카 스투파의 경건함에
이방의 기독교인인 나도 위로받는다

바라나시, 갠지스강, 아소카왕 석주, 법륜
민생을 굽어살피며 평화를 구가하는 곳
불교 설화가 담긴 벽화에서 자비가 흘러나온다

리스트비얀카에서 만난, 춘원

바이칼 호수 서편
춘원의 소설 '유정' 속 최석이
가을 편지를 띄우던 마을, 리스트비얀카

거기 망망한 호숫가
등대라고 이름한
마야크 호텔 창가에서 춘원이 그린
최석과 남정임을 떠올려본다

벌써 그 시절
소설의 무대를 시베리아에 펼친
글로벌 문학세계의 한 자락

저 경건한 호수의 옥빛에 빠져
세상 때를 씻어내고
순정을 기표^{記標}처럼 흰구름에 암석^{暗惜}한다

고독이
하 맑고 깊어서
골수에 스미는 사랑

'선녀와 나무꾼'의 설화가 있는, 이곳

오해와 시기가 내몬
냉혹한 세상인심

천 리 밖 드넓은 바이칼 가슴에
영원히 잠든 연인
사랑의 물결로 쉼 없이 일렁이고 있다

아키타의 눈꽃

눈 내린 아키타의 삼나무 숲
가지마다 층층이 쌓인 흰 눈

눈雪길 막혀
곁 나무마저도 서로 그리운
달뜨게 아름다운 순백의 세상

아키타의 겨울은, 추위도 비껴갈
온통 이글루와 불꽃놀이의 향연
눈부신 은선세공의 축제

높은 설원에서
눈目길 나누는
인연의 실타래

아키타 북부 기타아키타가 고향인
산 벚나무 야마자쿠라의 껍질 공예품, 가바자이쿠樺細工
그 천연의 결속에 떠오르는 꽃잎들
겹겹이 차를 품은 원통형 차통에서
퍼지는 차향

아키타의 봄날
수천 그루
분홍빛 늘어진 수양벚나무들 사이로

따듯한 쌀오뎅국, 한 그릇
여행자의 마음을 데워준다

가쿠노다테의 유서 깊은 풍경화 속으로
나는 걸어들어간다

---

* 아키타秋田: 일본 혼슈 서북부에 위치한 항구도시

폼페이의 사랑

부활하리라
사랑의 입술로 입맞춤하면
잠들었던 세상 모두가 부활하리라
거리마다 활기찬 생명의 발걸음 가득하리라

베수비오 화산이 붉은 혀로 세상을 덮치던 날
폼페이 거리마다 정지된 신호등

이글이글 불타는 악마의 점령군은 세상을 삼키고
아비규환의 아우성 속
화석으로 살아남은, 아름다운 젊음들이여
이천년을 잠들었던 영령들이여

햇살 가득한 찬란한 거리
서로가 손잡고 거닐던 광장의
푸른 나무 그늘 아래
삶의 활력들로 가득하던 거리, 거리에서
화석으로 암각嚴刻 된 연인들

환락의 숨소리가 창틀을 넘고

생의 환희가 지붕을 넘던
사랑의 광장 한가운데 서서
희미한 눈빛으로
호흡 없는 그들의 숨결을 본다

난무하던 사랑의 기쁨이 비명으로 돌아누워
처절했던 절명의 시간

붉은 망토를 걸친 악의 신이 걸어간 거리
스쳐 간 곳곳마다 멈춰선 사랑의 현장
그 안에 꼼짝없이 수감 된 가여운 여인이여

세상의 모든 영혼이
화마의 옷자락에 휘감긴 폼페이, 거기

무수히 많은 호기심의 눈들이 쳐다본다
그리움과 사랑의 신호등,
부활의 신호등이 푸른 등불을 켜고 있다

모로코 민트차

패스 골목 시장, 가득 메운 신비한 물건들
베르베르인의 붉은 전통 옷을 뚫고
특유의 목청을 늘리는 여인의 노랫가락이 들려오고
비둘기 배설물 냄새 짙은, 천연가죽공장을 지나면
파란 이파리 가득한, 청량한 민트차 향이 머물고
목 넘김이 부드럽게 골목길로 흐른다

핫산 2세의 높은 탑, 거대한 모스크에서는
알라신을 만나기 전,
사람들이 신발을 벗고 손을 씻는다

세계문화 유산 광장에는
붉은 옷에 노란 장식을 단 물장수
아슬아슬한 코브라의 묘기를 보이는
남자의 소리 높은 외침이 울려 퍼진다

특이하게 네모반듯한 주춧돌로 세워진 모스크
한국의 팽이 비슷한 것을 돌리고 있는 남자의 묘기
야시장 상인들의 고객을 부르는 시끄러운 소리의 만남
화석들이 있는 협곡 아래로

흐르는 물이 모로코의 대지를 적신다

사하라의 끝없는 사막
높은 낙타 등에 올라 사막을 여행하면
그림자처럼 이어지는 사막 길
끝없는 사막의 모래바람 불어오면
사하라는 일어서고 땅에서는 물을 올린다

새벽 별이 뜨고
별똥별이 흐르는
모로코 하늘의 별 밭에는 꿈이 박히고
낮은 관목들이 살고 있는
오아시스의 수도꼭지에서 물줄기가 흘러나오면
그 오아시스, 모로코의 민트차 향으로 나그네를 깨운다

헤르만 헤세의 수채화 그림

제2부

헤르만 헤세의 수채화 그림

매화차

찻종지 바닥에 뿌리를 박고
늦은 봄눈 날리며 멧새가 운다

갈색 가지에 엷게 남은 초록빛 몇 개
줄기의 손끝까지 피가 돈다

백매화 송이송이 온몸으로
꽃 이파리 열고 꽃 향 길어 올린다

---

* 서울 지하철 스크린도어 게재시

은방울꽃

그대 앞에 서면
내 마음은 12시 5분 전

멎을 듯 가쁜 숨
감출 수 없어

못내
고개 숙이고 마네

조롱조롱 소리로
흔들리고 있는 속내

그대 밟고 간 발자국 따라
굽이마다 마디마다
꽃으로 피네.

---

* 서울 지하철 스크린도어 게재시

기다림

햇빛 여위는
비둘기 내리는 뜨락

아무래도
네가
저녁 별로 뜨는

아무래도
내가
바람이 되는

너와 나
우리는 그냥
기다림에 지친

다가가지 못하는
두 그루의
벗은 나무이네

쑥부쟁이

가을 한복판을 자르며
보랏빛 꽃무리 내 달린다

드러눕는 바람결에
하릴없이 바자니는, 야윈 그림자

꽃잎이 그려낸
정다운 너의 얼굴

대지의 하얀 손톱 끝에
노을이 물든다

고적한 들판은 향기를 퍼 나르고
나는 보랏빛 꿈에 잠긴다

화석

바람에 날려
물결에 쓸려
그대 아직도 꿈꾸고 있나요

세월에 깎여
빛바랜 꽃잎으로
여기 긴 잠에 드신이여

꽃다웠던 그 날
창가로 날아들어
노래하던 목청 고운 새여

사랑도 그리움도 접고
다시는 시들지 않을 모습으로
피어나고 있나요

먼 시간의 저쪽
그대 발걸음 소리 들으며
우리 함께 영원 속에 있는 것을

---

* 충남 보령시, '개화예술공원' 시비

사슴뿔 상처가 크는 밤

나의 배꼽에는 사향麝香샘이 자라고 있다
너의 뿔에서도 사향 냄새가 난다

암각 된 생채기가 크는 밤
나의 저항은
너의 뿌리까지 닿지 않는다
아무리 너를 치받아도
너는 반향하지 않는다

상큼한 산소는
아이스크림처럼 혀끝에 스며온다

위턱의 송곳니가
길게 자라는, 잠 안 오는 밤
나는 너를 어둠 속으로 뱉어낸다

아이비의 손

올라가고 또 올라가서
담장 끝에 가 닿는다
더 이상 길이 없다

내려오고 내려와서
시멘트 블록 길바닥까지 내려온다
더 이상 길이 없다

담을 타고 다시 올라간다
온종일 일 년 내내
오르락, 내리락
손끝을 허공에 박는다

깊이 더 깊이, 굵고 힘차게
저녁 내내 땅속 열기가
굳어버린 핏줄을 녹여서
담벼락에 환희, 초록 잎새로 등을 켠다

활활 활화산이 되어
하늘을 향해 맨손으로 다시 오른다

수족관 앞에서

꽃게들, 짝짝이 집게발 불안하다
굵은 오른쪽 발 대기시키고
가느다란 왼쪽 발로 경계를 선다

어항 속에서
몸과 발로 허우적대지만
발붙일 곳이 없다

숨만 쉰다
납작 엎드린다
등 위에 업힌다

"휴우,"
저마다 입에서
공기 방울을 뿜어낸다

등어리에
하나둘 올라가
5층 집을 짓는다

그리운 상처

서종남

소금물 한 사발 들이킨다
쓸개 물 한 종지를 마신다
멍든 응어리 살빛 되어 숨는다

발길 따라 눈빛이 박히고
목숨 같은, 한 움큼 살 같은
체온을 남겨서 손끝이 저려온다

The Hurt of Yearning

by Chongnam Suh
Translated by Heeyeon Son

I drink a bowl of salt water,
I drink a small bowl of gall;
That makes my bruise flesh-colored.

Your parting steps catch my eyes;
They leave me with a temperature
Like life, like a chunk of flesh
And make my fingertips begin to go numb.

---

* 〈국제펜, 2007년 '다카르 세네갈' 제73차 대회, 낭송시, 〈The 73rd PEN International Congress Meridien President Hotel, Dakar, Senegal from July 4th to July 11th, 2007〉, Literature as a tool for social change, 'Women's Role in Social Change How a Literary Work Helped Change the Antiquated Agrarian Korean Society', Chongnam Suh, Ph,d., Ed,D(Prof., Kyonggi Univ., Korea)〉

지하 분수대에 앉아서

서종남

널따란 공간에 사람들이 모여든다
혼자 있는
삼삼오오 앉은
시끄런 분수소리
휴대폰 울리는
소리의 만남

소리를 서로 놓치지 않으려
큰소리 더 큰 목소리 바람 되어
말들이 부유하는
귀 없는 울림
모두 들리지 않는다
듣지 않는다.

地下噴水台に坐って*

徐宗男(ソ・ジョンナム) 詩/文在球・訳

広い地下の空間に人たちが集まって来た
一人でいる者
3、3/5、5並んで坐っている者
やかましい噴水のさけび
携帯電話のひびき
音と音の会合

音は互いにはなされないように
大聲がもっと大聲で風になり
話し聲が浮び遊ぶ
耳なしのひびき
何にも聞こえない
いや聞かないよ

---

* 〈동북아시집(東北亞詩集, ANTHOLOGY of CONTEMPORARY KOREAN CHINESE JAPANESE POETS), 제3집 2008.10.29 한국현대시인협회〉

공주, 황골마을 들길을 걷다

공주, 고향 '황골' 마을에다
맘을 풀어 놓고
이십 리 들길을 걷는다

고마나루 돌아온, 차가운 달빛이
저물녘 논둑길을 내달린다

별들이 하얀 입김을 뱉어낼 때
흐르는 금강錦江의 물도 잦아들며
바다에 닿아 허리를 편다

갈대를 어슷어슷 썰며
무서리는 걸음을 재촉하고,
반짝이는 시냇물은
도랑에, 향수鄕愁 부르는 들꽃들을 피워낸다

허브 향기

하루를 채우다, 비우다
일터에서 돌아온 내게

현관문 들어서면
초록빛으로 반기는, 허브들

그 작은 잎새가 주는
향기로운 시간들

새날을 밝히는
삼백예순다섯 날
나에게
또 하나의 등불이 켜진다

삶의 새 화폭을 펼칠 때
베란다의 허브꽃 향기
캐모마일, 로즈메리, 페퍼민트

작은 생명들이 일궈내는
녹색의 싱그런 꿈
영글어 가는, 작은 텃밭

광교산光教山에 오르면

언제나 빈 가슴이었네
늘 아득한 여정이었네

메말라 가는 잎새 사이로,
하늬바람 지나가고

사위어 가는 대지 위로,
노을이 붉다

종일 나뭇가지에서 놀다간
산새들 울음소리 지울 때
머리 위로 저무는 태양

저 나무들의 부르짖음은
동면을 깨우는 활기찬 외침

나는,
굵은 단풍나무 등걸에 기대어
하늘을 올려다본다

나도
함께 물들어 가는

한
그루

단풍나무

장독대

잎새마다 물이 드는
색색의 풍경

앞마당 고추 멍석
붉게 타오른다

물기 어린, 김장독
윤기 나는, 항아리
금빛 햇살 가득 넘쳐난다

잰걸음으로 바쁜
어머니의 정성

주름진 이마 위
이미 반백은 될 성싶은

세월 속에 곧추서
푸른 숨결로 묻어오는
어머니 마음

나무는 그냥 나무여서 좋다

나무는 그냥 나무여서 좋다
다른 나무와 비교하지 않고
다른 나무를 탓하지도 않는다

어느새 그 나무들이
내 마음에 들어와
기지개를 켜며 창문을 연다

은행나무
떡갈나무
가문비나무

각기 자연 속에서 매혹적인 모습으로
자신의 몸매를 가꾼다

나는 우울할 때, 숲으로 향한다
거기는 싸우는 아우성도
비난의 눈빛도 없다

나뭇가지 사이로 흐르는

고요와 평화로움만이 가득하다

나무는 안다, 자신이 나무인 줄을
하늘을 위한
우주를 위한
지구를 위한
자신의 숲 세계에서의 역할도

어느 날 나무는 보았다
가을이 저물어가면서 잎을 다 떨구고
알몸으로 남은 하늘에 비치는 제 모습을

외로움에 지친 상처뿐인 사람들이 찾아들면
가지의 끝까지 피가 돌고
모든 잎은 손이 되어
종일 평안히, 울고 있는 가슴들을 품는다

반달이 가는 길

밤하늘에 걸어 놓은
할머니의 참빗

별들이 잠든 밤
반원이 호수에 잠기면

어둠 속
외로운 숲을, 가로등처럼 밝힌다

작은 몸으로
홀로 하늘마을 지키던, 반달

허공을 가르며
그리운 반쪽을 찾아
여행을 떠난다

몽당연필

시간의 궤적을 따라 들려오는
초침의 음향

하얀 종이 위에 규칙적으로 내는
연필 지나가는 소리, 사각사각
추억이 나를 불러들인다

틀리면 지우개로 지우고, 다시
쓸 수 있어
시는 반드시 연필로 쓴다

몽당연필로 꾹꾹 눌러
행복일기를 쓰고 싶어
오늘도 연필을 깎는다

인생의 내 아픈 기억도 소환하여
싹 다 지우고
다시 쓸 수 있다면

가리산 꽃사슴

어느 별에서 온 손님일까
해맑은 눈동자
기다란 목

보름달이 뜨면
날렵한 네 다리로 발레를 춘다

저 신비하고
아름다운 자태

너는 진정
별나라의 작은 공주였구나!

강물은 달빛을 안고 흐른다

강물은 달빛을 안고 흐른다
계곡을 지나고
들판을 지나며

달빛에 몸을 헹구는 강물
쉼 없이
흘러, 흘러 바다로 간다

소리가 소리를 업고
육자배기 한 소절 쏟아 낸다

막히면 돌아가고
힘들면 쉬어가고
유유히 흘러가는 강물

바다로 가는 길
이산, 저산
이 계곡, 저 계곡

흘러온 강물, 모다 얼싸안고

사랑 춤추며 흘러가는

달빛에 젖는, 강물

해 내릴 녘, 대부도

대부도 갯벌 멀리
들이는 바닷물에
긴 오후 햇살 쏟아져 내려
금빛 물결 가슴에, 해를 담는다

잿빛 뻘 위에 모여든
작은 물새들 둥지 삼고
부드런 흙살 속에 발을 묻는다

안개 같이 뽀얗게 섬을 맴돌며
어둠 부르는 저녁 빛
안온히 '선감마을' 수호신이 된다

인사동, 차 없는 거리에서

민화 속 모란꽃 향기에서 방금 빠져나온,
인사동 뒷골목

나는 어제의 시간을 만나러
귀천歸天 찻집을 찾는다

흐린 별이 푸석푸석, 눈 뜨고
통문관과 학고재는 슬몃슬몃, 불을 끈다

도자기들 반지르르 새 단장 마치고
고서화 가게에는 외국인 손님들이
신기한 듯 곁눈질하며 들여다보고 있다

소녀들 까르르, 삼삼오오 떼 지어
한복을 입고
거리를 신나게 누빈다

새로 들어선 막걸리 골목, 새 풍속화 속으로
누군가 무수히 지워버린 낯선 발자국 위에
내 발자국을 포갠다

잎새는 돋아나고

이슬이 내린다
노랑제비꽃, 사라질 때까지

구름은 바위산 너머,
꽃샘바람을 먼저 보냈다

작은 잎새들 서로 키 다툼하며
'수줍은 사랑' 꽃말처럼
늦은 봄볕에, 남몰래 종아리를 말린다

봄날 저녁 바람, 기지개를 켜면
귀에 나무들이 우-우 일어서고
제비꽃 노란 꽃잎, 조르르 돋아난다

봄비 맞으며
앞산은 먼 강변을 바라본다

만년필

그는 가늘고 길쭉한 혀를 가졌다
때로 검고 푸른 피를 쏟아내고
죽음으로까지 몰아넣을 수 있어 두렵다

외발로 달리기를 한다
벗어나거나 부딪히기도 하며
유리를 깨고 밖으로 튕겨 나가기도 한다

심장은 박동을 멈추지 않고
그 잇날에 긁혀진 얼굴 위로
깊게 패인 주름살이 지나간다

그림자가 어른거리는 거리에는
암각화가 새겨진다

눈발이 멈춘 어느 날, 불 밝히고
바람 담은 담벼락을 밀어내고,
천천히 길을 낸다

말귀가 열린다

집을 지을 수 있는 이들과 동행하면서
잠을 이루지 못하고
불빛마저 꺼져 눈을 감고 지난다

목에서 나오는 밭은기침 소리에 따라
그림자가 되어
땅속에 들어가거나 하늘로 올라가기도 했다

혀끝이 훑고 간 살갗에 소름이 돋아나고
그의 안에서 울컥울컥 소리를 낸다
손끝이 어느새 다 젖었다

햇날은 빛과 어둠을 품고
물색에 따라 모양을 달리했다, 그러나
소나기 뒤
그 물소리와 인파 속에 모두 뒤섞였다

예언하는 영험한 느티나무

느티나무 그늘은 어제의 말들이 들려오는 곳
그 커다란 둥치에
몇천 권 넘는 이야기를 품고
쏴아 쏴아 울음 우는 진양조의 소리꾼이다

바람에 맞서며
일제히 환성을 지르며
일어나는 잎사귀들

옛 얘기들 켜켜이 풀어내면
그 이야기는 마을의 역사가 된다

구렁이 울음소리로
전쟁을 미리 알려준 신성한 나무
지나가던 길손들도 경외를 표한다

정화수 떠 놓고 치성드리던
마을 어머니들의 기도

텅 빈 느티나무 그늘 아래

떠도는 맑은 찻^茶물 같은 향기

가을 햇빛은
물에 젖은 한지처럼 노곤한 몸을
느티나무 이파리 위에 누인다

노을빛 타는 하늘이 물들어 가면
느티나무는 세월을 지키느라
회백으로 튼 살갗, 회한의 비늘로
느티나무 전설, 퍼즐로 엮어낸다

수원 영통마을, 느티나무[*]

수원 영통마을, 느티나무는
여일(餘日)이 없이 마을을 지키는 수호신

꽃향기처럼
물소리처럼

새벽바람이 느티나무 뿌리의 아픔을 깨운다
몇 아름 넓은 품속에 온갖 풍상을 새겨놓고,
뜸을 푹 들인, 물관 속에서 잠자던
온 마을 500년 푸른 전설이 우수수, 잎새를 흔든다

빗소리처럼
바람 소리처럼

수백 년 뇌우를 견딘, 느티나무 가지에 어둠이 내리고
저문 달이 차오르면, 뼈마디 한 개씩 녹여가며
느티나무는 외발로 서서, 밤새도록 묵언기도를 한다

근심은 나눠 가져야 비워지고,
인정은 나누어야 다시 채워진다

단옷날, 풍물 소리처럼

찬 공기가 손끝 마디마디를 지나는
아침을 열면
느티나무 가지마다 군무를 춘다

마을은 축제의 마당
느티나무 한 그루 당당하다

---

* '수원 영통 느티나무'는 단오어린이공원 내, '보호수 경기-수원 11호'이다. 500년이 넘는 이 나무는 2018. 6. 26. 강풍에 쓰러져 지금은 밑동만 남음.
  - 이 '수원 영통마을, 느티나무' 시(詩)는 경기도 수원시 영통구청 주관으로 열린(이 나무가 쓰러지기 바로 전) 단오제 행사의 시화로 전시된 작품이다.

어제를 품고 내일을 여는, 느티나무

그의 몸짓 하나에
가득 채운 세상인심이 담긴다.

바람이 불면
일제히 환성을 지르며 일어나는 잎사귀들
옛이야기를 풀어 전설을 짓는다

동네 사람들의 아픈 손을 녹이고
이웃 간 외로움을 다독인다.

슬픔을 마시고
기쁨도 마신다.

불춤을 추는 날벌레도
그 큰 느티나무 곁에서는
소리 춤을 춘다.

마음을 담아 우려낸 차향처럼
사운 대는 이파리 속에서 이야기를 쏟아내면

여기저기
솜뭉치처럼 엉켜있는
조각구름 같은 사람들의 속내를 풀어준다

모든 비밀을 안은 마음자리
어제의 말들이 들려오는 곳

큰 우산 그늘 아래
둘러앉은 사람들의 말이 부유하는 곳
그 깊은 심내^{心內} 풍경,
세월을 앉고 돌아와 앉은, 주름 몇 개

느티나무는
영원히 배에 닻을 올린, 마을의 지킴이고 싶다

금강錦江 하구에서

몸을 풀고서
펼친 두 날개 딛고
물길을 연다.

저녁 강바닥에 짙은
어둠의 빛깔 뿜어내는
먹빛 돌이 뜬다.

한숨도 물길에 잦아들고
끝내는 바다에 닿아 귀댄 금강錦江
소리 죽은 가을강에 빠진 울음

첫 새벽을 이마에 걸고, 하얀 속살
자갈밭에 별꽃으로 돋아난다

봄맞이꽃

봄맞이꽃은 방금 깨어난
아기의 눈빛

아무 기댈 곳도 없이
하늘을 품는다

몸이 너무 작아서
키가 너무 작아서

흔들리지 않는다

금꿩의다리꽃

절개 곧게 세운 줄기에
담자색 꽃등을 걸고
내일을 마중하는 신토불이 야생화
키다리 인형은

4개 자줏빛 타원의 날개를 덮고
금빛 꽃술로 불 밝힌 초야의 신방인 양
금꿩의다리, 꽃잎은
소슬바람에 증식의 꿈을 퍼나른다

댑싸리 나무

하늘에서 쉬어가는 구름 아래

초록 솜사탕
빨강 솜사탕
녹을세라 닿을세라, 밭고랑 가득
줄지어 서서 자라

잎을 떨구고 빗자루 되어
근심 없애줄 피안의 세상을 위해
다 닳은 몸이 되어도, 마당의
흙을 핥고 또 핥는다

우러를 댑싸리의 삶, 모정 닮았다

소금꽃

파도를 타고
몸을 말린다

굴곡진 삶에 간을 들여
한 줌의 빛 같은 소금이 된다

이제 누군가의 생에
짭조름한 맛을 내기 위해
제 몸을 녹여 낸다

간수를 빼듯
눈, 코, 입
팔과 다리도 사라져야

소금꽃이 될
터

나팔꽃

인도가 고향인 너는
한여름이면 그리움을 부른다

보랏빛 나팔꽃
허공을 움켜쥐고
덩굴손 따라 나팔을 분다

그 나팔 소리 온 세상에
붉은 사랑을 뿌린다

해당화 차

여름 해변의 모래밭에서
나는 홍자색 화사한 꽃을 만났다

너는 꽃말처럼
아름다운 적황색 열매로 웃는다

색색으로 익어가는
그리움

장미꽃보다 강한 향을 응집하여
너는 고귀한 차가 된다

또 하나의 꽃말처럼
그녀의 숨결처럼
해당화차가 혈관을 타고 흐를 때

눈빛은 약성 가득한 해당화 꽃잎, 꽃잎
꽃잎은 겹겹이 포개어 눕는다

햇살에 달아오른, 노랑 꽃술
해종일 멀리 바다를 향해 소리친다

내일은, 다시 돌아올
차향 같은 희망을 노래하자

언제쯤 나 그대에게 꽃잎일 수 있을까

한낮의 붉던 태양은
산 너머로 소리 없이 지고
꽃잎들 하나씩, 편안히 몸을 누인다

슬픔도 종일 읊조리면
속살에 수묵화가 핀다

내 안에 든 못물 고일 때,
어둠에서 햇귀가 누리를 밝힌다

지쳐버린 검붉은 멍 자국이
아무것도 모르던
촛농처럼 녹아 사라지면

긴 기도는
이적지, 끝날 줄 모르는데
못다 준 사랑, 못내 아쉬워
별빛 밝은 밤하늘을 헤어본다

언제쯤 나 그대에게 꽃잎일 수 있을까

족두리꽃

화사한 색색의 족두리

신부의 머리 위에
내려앉은
나비 떼

하늘 여신의 옷자락에서 피어나
하늘 바라기가 되었는가

시집가는 누이
속내 드러날까 겁먹은
가늘게 떨리는 눈물방울

그 눈물 마르고
풍접초 꽃봉오리 터트리면

갈바람 불어오고
고향 아메리카가 그리운, 그녀
진한 향기를 온 들판에 뿌린다

꽃 마실

오늘은
꽃 마실 가는 날

봄의
마음 밭은
행복 360도

사랑과 배려의 눈으로
세상을 바라보면
잡초도, 꽃

생각으로
꽃과 잡초 나누면
나는 꽃, 너는 잡초

잡초도 고운 꽃을 피우고
약성을 뽐낸다

편 가르기 없는, 풀꽃들
오늘은 꽃 마실 가는 날

들판에 앉은 풀잎들까지도
모두 이웃이 된다

코스모스

빨강, 하양, 분홍
무지갯빛 같은, 색색의 옷
화사하게 차려입고

해마다 찾아오는
가을 색 짙은, 이방의 다문화 손님

이른 새벽에도
달빛 차가운 밤에도
청초한 무리의 꽃을 피운다

소녀의 순정이란 꽃말처럼
수줍은 코스모스는

고향 멕시코를 못 잊어
가는 목을 길게 하늘대는가?

폭설

흰 도화지에
아파트 꼭대기에도
별빛이 꽂히면
내일은 보랏빛 이야기를 토해낸다

어둠이 누리를 덮어도
등불보다 더 환한 너의 힘이
혈관을 씻어내고 새롭게 수혈한다

지워지지 않는 이별의 아픔처럼
낮달을 가리우면
노래하는 하얀 숲에 폭설이 내린다

추억을 폭설에 실어 날리면
그리움 부메랑 되어오고

세상의 때를 품은 생각껍질이
폭설에 묻어 내리면
그 힘으로 희망이 되어 돌아온다

찻물에 흐르는

따끈한 물에
우려낸 찻잎의 향기
마음을 다독이고

찻잔의 온기는
찬 손을 덥히고
외로움을 녹인다.

이야기를 마시며
흔들리는 촛불도
소리 춤을 춘다

가을은 나그네

가을은 객수감 따라
발길 옮기는 나그네

겨울나기 위해, 가랑잎의
핏줄 같은 물관을 끊고
본체와 떠나는, 처연한
이별 여행

저 억새밭도
하얗게 머리를 풀고
손가락 새로 바람을 내보내면
해조음이 들려온다

산 그림자
가을 강물에 퐁당퐁당, 잠기고

가을 한 톨 움켜쥐고, 찬 겨울
먼 길 떠나는, 가을은 나그네

헤르만 헤세의 수채화 그림

제3부

헤르만 헤세 수채화 그림

이방인

나는 말을 하지 못합니다
나는 벙어리입니다
눈, 코, 입, 피부색이 다른 이방인입니다

언어도 문화도 달라서
소외된 나는
외로움만 내 것입니다

파란 하늘, 흰 구름이 내 친구입니다
청설모도 내 친구입니다
좁고 어두운 방 한쪽이
나의 유일한 안식처입니다

나는 내가 태어난 고향을 그리워할 틈이 없습니다
보고 싶은 부모 형제들을 만나러 갈 겨를도 없습니다

말이 다르고 생김새가 달라도
내게는 이곳이 제2의 고향입니다
내가 꿈꾸고 내가 뒹굴고
내가 살아갈 나의 삶터

거친 바람 불어도
내 희망을 펼쳐갈 자유의 광장입니다

세상에서 가장 좋은 것은 미래에 있다고 합니다
나는 그 말을 믿습니다
나는 그 말을 좋아합니다
가장 좋은 미래를 위해
한 발 한 발 씩씩하게 걸어갑니다

별들이 하늘에서 나를 바라보고 웃어줍니다
나는 가족 앞에 떳떳하고 싶습니다
미래를 향한 나의 첫걸음, 힘차게 내딛겠습니다

카펫을 짜는 터키 여인

잘 손질된 씨줄과 날줄을 걸고
나는 밤마다 꿈속에서 카펫을 짭니다
사랑의 무늬 고향의 무늬
향수鄕愁도 섞어 꿈을 수놓습니다

나는 터키에서 시집온 젊은 신부입니다
나는 커피를 잘 끓입니다
터기에는 여자가 커피를 잘 끓이면
시집을 가도 된다는 속설이 있습니다

청운의 꿈을 안고 온, 서울
녹녹지 않은 시집살이가 눈물겨울 때마다
눈물과 그리움 섞어 카펫을 짭니다
소통의 부재는 외로움입니다

카펫은 누구나 앉는 의자입니다
높은 사람도 낮은 사람도 앉을 수 있습니다

더 높은 곳을 향하고
더 넓은 곳을 향하여

더 따뜻한 곳을 위해서
우리 가족은 기도합니다

서로 존중받고 존중하는 둥그런 세상을 위해
우리는 두 손을 모읍니다

열아홉 살, 베트남 신부의 꿈

내 이름은 후안마이*
호기심 많은 열아홉 살 처녀로
한국으로 시집온 베트남 신부입니다

나는 꿈이 많았습니다
남편에게 사랑받고 어머니도 함께
오순도순 살고 싶었습니다

초저녁별을 헤면
고향 집 엄마 얼굴이
저를 보며 반짝입니다
눈물인 듯 반짝입니다
밤마다 그리움의 편지를 하늘에 띄우면
별들이 먼저 읽고 소식을 전해줍니다

엄마 잘 계세요?
나는 어제도 남편한테 맞아서
얼굴에도 다리에도 피멍이 들었습니다
숨을 쉬기도 힘들만치 아프고 슬펐습니다
그래도 엄마 나는 견뎌보려 합니다

밤마다 보내는 내 눈물의 편지를
별들도 눈물이 흘러 읽지를 못하나 봅니다
내 모습이, 내 언어가 생경해서
사람들도 나를 어색해 하나 봅니다

나는 한글을 모릅니다
나는 한국말을 못 합니다
나는 날마다 베트남어로 남편에게 편지를 씁니다
베트남어로 쓴 편지를 남편은 이해하지 못합니다
오직 하늘의 별들만이 읽을 줄 아는데
눈물이 앞을 가려 차마 못 읽고 사라집니다

남편한테 너무 맞아서
오늘을 넘기지 못할 것 같습니다
하늘나라는 이런 고통이 없는 나라겠지요
남편과 소통이 안 돼서, 매 맞는 신부는 없겠지요

하느님 나라는
평화롭고 따뜻하고 사랑 넘치는
안식의 나라겠지요
엄마 이제 나는 슬픔 없는 나라,
고통이 없는 하늘나라에서 잘 살아가려 합니다

---

* 후안마이 : 2007년 소통의 부재로 한국인 남편에게 매 맞아, 늑골 18개가 부러져
  사망한 베트남 신부의 이름.

달라서 더 아름다운 우리 동네

옆집에 시집온 몽골 아낙
뒷집으로 시집온 베트남 아낙
동네 쪽방엔 이란에서 온 외국인 근로자

앞집할머니 말이 통하지 않는다고
이웃집에 푸념한다

쪽방 아저씨 검은 피부색에
밤중에 서로 놀라서 깔깔깔, 웃어댄다

언어, 피부색, 문화
모든 것이 색다른
달라서 더 아름다운 우리 동네
행복한 사랑 나눔터

허공에서 지구촌 미래의 꿈이 펼쳐진다

국경 없는 마을의 봄

햇살 쏟아지는 창 너머로
구름이 모습을 바꾸어가며 흘러간다
마른 나뭇가지에 시든 햇빛이
잎새에 내려앉는다

문 닫은 공장, 체불임금 받으러 서성이는
외국인 근로자들
수런거리는 소리가 빈 하늘을 가른다

봄의 들녘에 점점이 물든
붉은 진달래꽃
햇빛을 모아, 가슴에 환히 등불을 켠다

희망은 땅 위의 길과 같다
길은 끝나는 곳에서, 다시 시작된다
산굽이마다 파란 물결이 흘러내린다
봄은 움터오는 너그러움으로, 진액을 짜낸다

황사비 지나간 자리마다
초록 잎새가 힘차게 돋아난다

다문화인들의 고향

얼마나 낯설까
사소한 것들까지도

얼마나 어색할까
작은 행동까지도

얼마나 어려울까
정주국 문화에의 적응이

얼마나 그리울까
고국의 풍경들이

얼마나 보고 싶을까
가족과 고향 사람들이

조마조마 모두 넘어서
반겨주지 않는
남의 땅이 아닌
사랑으로 채워지는
제2의 고향되기를.

추위 속의 다문화인들

고래잡이배는 지금쯤 고향에 당도했을까
어느 바다를 표류하며
기항지를 잃고
시방도 먼바다를 부유하는 건 아닐까?

가슴에 포경선을 품고 한국에 온 이주민들
서울이 푸른 바다인 줄 알고
넓은 서울에 포경선을 띄운 이들
그들의 고래잡이 꿈은 이룰 수 있을까

진눈깨비가 추적대는 초겨울의 뒷골목을
까무잡잡한 얼굴
더운 나라에서 온 듯한 청년 둘이 지나간다

아직 매서운 추위가 온 것도 아닌데
두 청년의 등판이 구겨져 있다
아직도 여름 복장인 그들
추위를 참느라 등을 움츠려서일까

임금체불로 돈이 떨어진 걸까

저 얇은 옷, 매서운 한국의 겨울을
견디기엔 너무 춥다

늘상 더위와 씨름하던 사람들
살을 에는 무서운 추위를 피해
따뜻하게 몸을 녹일 곳은 있을까

청운의 꿈을 안고, 노다지를 캐러
고래를 잡으러, 서울로 서울로 모여든 사람들
저 낯선 눈빛의 이방인들이
고래를 잡고 노다지를 캐기엔
서울이란 도시의 온도는 만만치 않다

여린 눈빛의 저들이
언젠가 고래를 잡을 수 있기를

베트남 식당

쌀국수 레몬향이
식당 안을 가득 채운다

추억어린
쌈밥의 쫀득함에
이국 소식을 싸서 먹는다

종주국의 문화에 어설픈 아낙들
옹기종기 모여 고향 소식을 나눈다

낯선 땅, 낯선 풍습에 설레며
고향의 별빛을 그리워하며
어느새 웃음꽃 피운다

이방 여인의 기도

나는 당신을 위해 기도합니다

늦은 밤, 아직도 일터에서 일하는
이주근로자들이 있습니다

고향과 부모를 떠나 대한민국에 온
소외된 이주민들을 위해
기도합니다

언어가 다르고 문화가 다르지만
틀린 것이 아니라 다른 것입니다
그들도 똑같은 우리의 이웃입니다

나는, 남모르게 카펫을 짜는
이방 여인을 위해
향기로운 민트차를 끓입니다

그녀가 짠 카펫 위에 모두 둘러앉아
그녀의 고향 이야기를 듣고 싶습니다

지금도, 낯설고 물 설은 이방인들을 위해 기도합니다

LA에서 캄보디아를 잇는 사랑의 다리

LA에서 캄보디아 오지의 섬, 깜풍까지 다리를 놓는
아름다운 여인 L을 아시나요?

개와 돼지가 어린이와 들판에서 함께 뛰노는
캄보디아, 그 나라를 아시나요?

일찍이 세계문화유산에 빛나는
장엄하고 거대한
앙코르와트를 건설한, 민족

그러나 세계가 전율한 킬링필드의 아픔을 겪었던 나라
손끝마다 예술의 피가 흐르는 우수한 민족인 그들,
지금 그들이 겪고 있는 고통을
LA의 밝은 빛으로 채워주려 발 벗고 나선
아름다운 여인 L

그녀가 깜풍섬에 갈 때면 가방은 틈이 없다
사탕 한 알이라도 더 나눠주고 싶은 마음에
그녀의 여행가방은 초만원이다

그녀가 깜풍섬에 가기 전, 꼭 들리는 서울
어머니 가슴 같은 아득한 서울 하늘의 매연까지도
그립고 그리운 고국의 풍경들을
남모르게 배낭 가득 채워간다

꽉 찬 그녀의 배낭에는 고향의 언어, 고향의 냄새
서울의 하늘빛도 자리해 있으리라

그 그리움을 다 소모하고
가슴이 찬바람으로 헐렁해지면
그녀는 다시 LA로 돌아가,
LA, 깜풍, 서울
삼각형의 다리를 세운다

헤르만 헤세의 수채화 그림

서종남 시집 『알곤킨의 칠면조』 시집 해설

이인선(시인, 문학평론가)

1

알곤킨 숲의 심장에서 "피치 오렌지 허브티 향기"가 흐른다. 서종남의 시는 "삼림의 거대한 메아리가 하늘까지 닿았다가 되돌아온 목이 쉰 소리"다.(「알곤킨 숲의 전설」 중에서)

서종남의 시는 외마디 바람소리다. 그 바람은 시작점과 끝점의 방향이 서로 만나는, 지구촌을 향한 사랑방정식이다. 이방의 여인이, 이방의 여인에게 전달하는 다문화 언어다. '알곤킨에서 만난 이방의 여인'이거나, '이스라엘에서 만난 이방의 인도 여인'이거나, '알곤킨의 칠면조'거나, 소통방정식은 풀꽃미소로 통합된다.

꾸미지 않고 소박한 서종남의 시의 진정성은 나무와 꽃들의 배경이 된다. 그 소통은 처음은 풀꽃들의 축제처럼 여린 꽃잎 잔치지만, 작은 씨앗들이 폭죽처럼 온 들판에 번져서 마지막은 창대하게 들꽃들의 점화식을 펼칠 것이다. 서종남이 꿈꾸는 세상은 '달라서 더 아름다운 다문화 세상'이다.

'다문화 여인의 옷 색깔로 가을 단풍이 물들면, 숲은 온통 축제의 마당이 된다.'(알곤킨 숲의 축제 중에서) "작은 풀벌레 소리, 숲의 신비한 숨은 이야기"가 마법처럼 펼쳐진다. "아름드리 측백나무 상수리나무들과 시적 화자인 나는 이미, 한 몸 토양을 나누며 이웃하는 식물들의 다문화 동네"(알곤킨 숲의 축제 중에서)에서 산다. 서종남이 앞서 가꾸고 있는 시적 판타지다. 서종남은 "모기, 파리, 산새, 산짐승들과도 교감"을 도모한다. "숲의 비밀을 입에 물고" 천천히 열린 세계의 문을 연다. 땅은 은밀함을 털어내고, 새 생명들이 돋아난다.(알곤킨 숲의 축제 중에서) 천천히 생각이 바뀌고, 세계가 더 좋게 변화한다.

2

서종남은 여행 시인이다. 제1부는 각 나라를 두루 다니며 여행지에서 만난 역사와 자연, 사람과의 인연이다. 각각 다른 미궁의 세계로 여행을 떠나보자.

서종남의 시적 모티브는 예민하게, 예리하게, 그러나 속삭이듯 섬세하게 꽃들과 화친한다. 타지마할 궁궐의 "겨울바람 몰아가는 지붕 아래 숨은 꽃들이/ 기지개 켜는 소리 귓속에 담"는다.(「타지마할, 어둠 속에서 빛나다」중에서)
서종남 시인은 풀꽃들의 말벗이다. 서반구에서나, 공주의

'작은 황골마을'에서나 변함이 없다. 그의 발걸음은 종종종, 풀꽃들 말소리를 좇아 바쁘다. 「이스탄불, 메두사의 물의 궁전」에서도 "발바닥이 아프도록 맨발로 디딤돌을 밟"는다.

서종남의 시세계는 거대한 이상주의의 코발트빛 물의 세상이다. "바이칼 호수를 들여놓은 코발트빛 하늘"이다. "그 너른 품 안에/ 또 하나의 허공을 심는다"(「바이칼 호수」 중에서)

서종남의 시는 세계 각국의 문화를 허허로이 가슴에 안는다. 「갠지스강의 병풍」이거나, 「시베리아의 배꼽」이거나 부드러운 가슴으로 안아준다. 추운 나라, 더운 나라 도무지 마음에 경계를 짓지 않는다. 피부색이나 종교색도 서종남에게는 시의 색깔을 더 선명하게 밝혀주는 채색물감이다. 거침없음과 수용의 미학은 서종남 시의 매력이다. "민생을 굽어살피며 평화를 구가하는" 서종남 시의 행간에서는 "불교 설화가 담긴 벽화에서 자비"가 흘러나온다.(「사르나트에서」 중에서)

「티베트 고원에서」는 "광활한 태양/ 무단의 그리움"에 몸서리치는 여리디여린 소녀의 감성이 전해진다. '히말라야 만년설'을 머리에 이고 외로움에 젖어, 푸른 별을 사모하는 천상여자다. 서종남 시인은.

3

제2부는 서정시다. 감각적인 서정의 세계로 여러분을 초대한다.

「매화차」 향기 속에서도 「사슴뿔 상처가 자라는 밤」이 도래한다. 「기다림」은 「은방울꽃」의 독성을 지니고 있다. 사랑의 꽃말은 달빛이불로 감싸두어도, 그 향기가 발아하여 곧 속내를 들켜버린다. 사랑과 재치기는 숨길 수가 없는 건 사실이다.
"가을 한복판을 자르며/ 보랏빛 꽃무리 내 달린다"(「쑥부쟁이」중에서) "꽃잎이 그려낸/ 정다운 너의 얼굴// 대지의 하얀 손톱 끝에/ 노을"이 물든다. 가을은 이별을 사랑하는 계절이다. 서종남 시의 절정이 몰고 온, 이별 판타지가 교교하다.

서종남의 서정시는 나무빛깔이다. 나무는 그냥 나무여서 좋다고 서종남은 말한다. "은행나무/ 떡갈나무/ 가문비나무" 서로 몸매를 가꾸며 시시비비 따지지 않는다. "외로움에 지친 상처뿐인 사람들이 찾아들면/ 가지의 끝까지 피가 돌고 / 모든 잎은 손이 되어/ 종일 평안히, 울고 있는 가슴들을 품"어 준다. (「나무는 그냥 나무여서 좋다」 중에서)

서종남의 시에서는 「허브 향기」가 묻어난다. "삶의 새 화폭을 펼칠 때/ 베란다의 허브꽃 향기/ 캐모마일, 로즈마리, 페퍼민트" 시의 향기를 퍼나른다.(「허브 향기」중에서)

서종남 시의 마음은 "키가 너무 작아서/ 몸이 너무 작아서 흔들리지 않는다". 마치 봄맞이꽃처럼.
"봄맞이꽃은 방금 깨어난/ 아기의 눈빛// 아무 기댈 곳도 없이/ 하늘을 품는다"

가는 봄의 끝에서 가냘프게 서 있는 봄맞이꽃처럼, 시의 뒷모습이 쓸쓸하다.(「봄맞이꽃」 중에서)

4

제3부는 다문화 시다. 달라서 더 아름다운 다문화의 세계를 탐방해 보자.

「카페트를 짜는 터키 여인」을 읽으면, 그 이방의 여인네를 만나보고 싶어진다. 그녀의 집을 방문하여, "낮은 자도 높은 자도 앉는 카페트"에 동그랗게 둘러앉아서 서로 정담을 나누고 싶다. 이방의 음식을 맛보고 싶다. 서종남의 시에는 맛깔나게 입맛을 돋우는 호기심을 불러일으키는 「베트남 식당」이 등장한다. 음식은 만국공통어로 누구나 참여할 수 있는 가장 쉬운 대화 창구다. 한국인의 정은 먹을 것을 나누는 것에서 시작한다. 맛난 음식을 나누던 한국의 옛날 후한 인심이 그립다. 코로나 시대에는 가족이 아니면 꿈꾸지 못 할 일이다.

「이방인」과 「열아홉 살, 베트남 신부의 꿈」을 읽으면 온몸이 오그라든다. 죽을 때까지 아내를 때리는 남편이나, 죽도록 매 맞는 아내는 도대체 구제 방법이 없는 것일까? 인간으로서 가장 끔찍한 학대가 폭력이다. 백번의 웅변보다 한 편의 시가 더 뇌리에 남는다. 시를 읽고 향유하는 것은, 세상을 정화하는 가장 평화스러운 방법이다. 서종남의 다문화 시는 의식 있는 지식인의 항변이다. 서종남 시인의 아름다운 시로 하는 항변은 무저항주의, 비폭력주의 저항이다.

"낯선 땅, 낯선 풍습에 설레며/ 옹기종기 모여서 고향 소식"을 나누는 다문화인들의 잔치마당에 초대받고 싶어 하는 한국인은 많을 것이다. 또한 맛있는 빈대떡 부쳐서, 식혜를 만들어서 이웃 다문화인에게 음식을 나눠주고 싶은 한국 사람도 많을 것이다. 때리고 맞는 원색적인 이야기는 이제 멈추어야 한다. 서종남의 시는 역설의 비폭력 메시지다.

더운 나라에서 온 다문화인들이 한국의 추위를 견디는 일은 인내의 극한을 체험하는 몹시 힘든 상황일 것 같다. 서종남의 시는, 이들에게 건네는 핫팩처럼 따뜻한 인류애가 흐른다. 다문화인의 소외감을 다독여주며 소통하려고 한다.

서종남의 시는 사람과 사람의 마음을 연결시켜 주는 아름다운 사랑의 고리다. 서로의 닫힌 마음을 열고, 행운이 오게 하는 사랑의 열쇠로서 큰 역할을 꾀한다. ♧

서종남(徐宗男) 시인 프로필

- 충남 공주 출생
- 문학박사 · 교육학박사(미국 George Washington 대학교)
- 시인 · 수필가 · 칼럼니스트 등
- 『한국수필』로 수필 등단(1988) / 『문학시대』로 시 등단(2005)
- 상담 · 심리치료 전문가 & 감독(수퍼바이저 SUPERVISOR)
- 한국다문화교육상담센터 센터장
- 한국다문화교육학회 부회장
- 한국문학비평가협회 부회장
- 한국힐링문인협회 부회장
- 한국문인협회 한국문학관건립위원회 위원
- 한국현대시인협회 이사
- 서울 '해윤문학아카데미'(장소: 문학의집 서울) 지도교수
- '수지문학교실' 지도교수
- 수원문학아카데미 '서종남교수의 문학교실'(장소: 수원시글로벌평생학습관) 지도교수
- '화서문학동아리'(장소: 화서2동 문화교실) 지도교수

강의
- 성신여대/순천향대/용인대 · 대학원/강남대/인하대대학원(박사과정)/경기대 · 교육대학원 등 10년 이상
- 미국 George Washington 대학교, '한국어문학' 강사 역임
- 미국 뉴욕주 Mercy 대학, '심리학의 이해' 강사 역임

국제 강연
▶ 국제펜 강연, <The 73rd PEN International Congress Meridien President Hotel, Dakar, Senegal from July 4th to July 11th, 2007>, Literature as a tool for social change, 'Women's Role in Social Change How a Literary Work Helped Change the Antiquated Agrarian Korean Society', Chongnam Suh, Ph,d., Ed,D(Prof., Kyonggi Univ., Korea)
▶ 미국 강연, LA 해변문학제 초청 강사 2회
  - 1회 : 제16회 LA 해변문학제 강연, <수필의 본질과 그 작법>, 미국 LA 문인협회, 2003.8.2.
  - 2회 : 제26회 LA 해변문학제 강연, <디지털문학과 하이퍼문학의 현황>, 미국 LA 문인협회, 2013.8.3

▶ 프랑스 강연, <한국수필의 현황과 그 방향> '한·프 수필문학비교연구 발표회' 주 프랑스 한국문화원, 한국수필가협회 해외심포지엄, 2003.10.17.

수상
- 제4회 황진이(문학)상 수상(2003)
- 제23회 한국수필문학상 수상, 한국수필가협회, (2005)
- 헤르만 헤세 <국제 문학교류 학술대상> 수상, '심훈의 『상록수』를 중심으로', 국제 펜클럽 한국본부 이사장 문효치, 계간 문예춘추 대표 이양우 (2007.9.1)
- 충청문학상 본상(2008)
- 경기도 우수자원봉사자(수원동자봉이/인증패) 제2018-249호, 2018.12.04. 경기도자원봉사센터
- 제24회 한국문학비평가협회상 시부문 수상(2022)

저서
- 《朝鮮朝 國文日記》, 서울, 도서출판 삼영(1997.9)
- 《나일강의 꽃》, 서울, 선우미디어(2003 1쇄/2004 2쇄/2008 3쇄 등)
- 《*The Prevalence of the 'Active Learning' Teaching Methods in Education*》, Mirinae Publishers.(2005. 2)
- 《여성 우울증과 가족치료》, 서울, 미리내(2005.12)
- *Teaching Methods in Active Learning*, Publishing House Jungingak, Seoul: (2009. 1).
- 《가족치료와 우울증》, 서울, 정인각(2009. 2).
- 《다문화교육》, 서울, 학지사(2010. 4).
- 《알곤킨의 칠면조》, 도서출판 한국힐링문학, (2022).

번역
- 서종남 등 공역, Trauma, Terror, and Terrorism, *New Christian Counseling* 《뉴 크리스천 카운세링》, 두란노(2007).
- 서종남, 유네스코의 문화간 교육(UNESCO Guidelines on Intercultural Education), 《다문화 사회와 국제이해교육》, APCEIU 유네스코 아시아·태평양 국제이해교육원 역음, 동녘(2008. 12).
- 서종남 외, 《이제 우리는 모두 다문화인이다》, 서울, 미래를 소유한 사람들 (2009).

논문
- An Exploratory Study of the Use of Active Learning Methods in Korean Higher Learning Institutions 외 다수

힐링우수시집 100인선 005

알곤킨의 칠면조
서종남 시집

인쇄일   2022년 11월 20일
발행일   2022년 11월 25일

발행인   이인선
발행처   도서출판 한국힐링문학
주   소   경기도 양평군 양평읍 천변길 60번길 5-4
등록번호   제 2021-000006
E-mail   2288sun@daum.net
ISBN   979-11-976859-4-1 03800

값   10,000원

※ 시집 표지와 내용에 헤르만 헤세의 수채화 그림을
　 사용하였습니다.